Kraftwagenanlage
Rauchen und jeder
Gebrauch von Feuer
polizeilich verboten

Harald und Yvonne Nadolny

Garagentore selbst bemalt

Techniken und Motive

FALKEN VERLAG

Inhalt

CIP-Kurztitelaufnahme
der Deutschen Bibliothek

Garagentore selbst bemalt :
Techniken u. Motive /
Harald Nadolny ; Yvonne Nadolny –
Niedernhausen/Ts. : Falken-Verlag, 1986.
ISBN 3-8068-0786-8

In der gleichen Reihe sind beim Falken-
Verlag erschienen:

Lothar Giesche/Manfred Bausch
»Bastelspaß mit der Laubsäge«;
Werner Siegrist/Peter Schärli
»Textilfärben«;
Siegfried Stein »Gemüse, Kräuter, Obst aus
dem Balkongarten«;
Joachim Zech »Vogelhäuschen, Nistkästen,
Vogeltränken«

ISBN 3 8068 0786 8

© 1986 by Falken-Verlag GmbH,
6272 Niedernhausen/Ts.
Titelbild: Grafik-Design-Studio Lothar Mielau,
Wiesbaden (Entwurf); Nadolny, Herne (Foto).
Fotos: Nadolny, Herne
Zeichnungen: Nadolny, Herne
Garagen: Beecker, Krefeld; Eichelhardt, Köln;
Grzeszick, Herne; Hanisch, Herne; Jaudzins,
Willich; Neumann, Rosbach; Sellke, Krefeld;
Schreckling, Edelrath; Tolles, Oppum;
Veldhuisen, Köln.
Die Ratschläge in diesem Buch sind von
Autor und Verlag sorgfältig erwogen und
geprüft, dennoch kann eine Garantie nicht
übernommen werden. Eine Haftung des
Autors bzw. des Verlages und seiner
Beauftragten für Personen-, Sach- und
Vermögensschäden ist ausgeschlossen.
Gesamtherstellung: Falken-Verlag GmbH,
D-6272 Niedernhausen/Ts.

817 2635 4453 6271

Aller Anfang ist grau

Wer hat eigentlich gesagt, daß alle Garagentore grau sein müssen? Hausfassaden erhalten kunstvolle Anstriche, Haustüren werden durch neue Farbe ins rechte Licht gerückt – nur die Tür zur Autowohnung wird beharrlich übersehen. Unendlich viele Quadratmeter Grau zum Ziehen, Schieben und Klappen warten nur darauf, zu farbigem Leben erweckt zu werden. Sie sind die tägliche Herausforderung für alle, die Spaß am Umgang mit Pinsel und Farbe haben.

Dieses Buch möchte Sie zum Bemalen eines Garagentores anregen. Von A wie Abbeizen bis Z wie Zeichnen erfahren Sie alles, was Sie über Garagenmalerei wissen müssen. Sie lernen praktisch bewährte Techniken kennen, die Ihnen das Übertragen jedes gewünschten Motivs ermöglichen. Ausgewählte Arbeiten verschiedener Garagentormaler zeigen die enorme Vielfalt der Gestaltungsmöglichkeiten. Alle in diesem Buch gezeigten Materialien und Werkzeuge sind im Fachhandel erhältlich.

Garagenmalerei – das ist Kunst zum Anfassen. Und da in jedem Menschen ein Künstler schlummert, ist die bisher unentdeckte Fläche des Tores wie geschaffen, dem persönlichen Geschmack Ausdruck zu verleihen. Neben einer kleinen Garagenschau am Anfang des Buches, die einen Eindruck von der Vielfalt der Motive vermitteln soll, finden Sie viele – durch Zeichenvorlagen ergänzte – Beispiele, die Sie direkt nacharbeiten können.

Viel Erfolg wünscht Ihnen dabei
Ihre

Yvonne Nadolny

Wildwestromantik statt bleierner Alltag in Grau.

Werkzeug und Material

Tore aus Holz

Um ein optimales Malergebnis zu erzielen, muß das Tor für die Farbe vorbereitet werden. Je sorgfältiger die Vorarbeiten durchgeführt werden, desto sauberer und haltbarer ist hinterher die fertige Arbeit auf dem Garagentor.

Unlackiertes Holz wird zuerst von Harzaustritten gesäubert, d. h., sie werden mit Nitroverdünnung ausgewaschen. Eventuelle Löcher und Risse werden mit Holzkitt ausgespachtelt.

Um unnötige Reinigungsarbeiten zu vermeiden, kleben Sie Ihr Garagentor vor der Weiterbehandlung rundherum mit Tesakrepp-Klebeband und Zeitungspapier ab. Mit Holzschutzgrund imprägnieren Sie die naturbelassenen Holzflächen. Die Grundierung füllt und schließt die Holzporen bis zu einer gewissen Tiefe. Sie ist das Fundament, auf dem der später folgende Lacküberzug ruht.

Ist Ihr Tor bereits lackiert, die Grundierung jedoch farblos und schadhaft, muß zuerst der alte Lack entfernt werden. Sie können ihn abschleifen ober abbeizen. Zum Schleifen Schleifpapier der Körnung 50–60 um einen kleinen Holzblock spannen und die Lackfläche kräftig bearbeiten. Für hartnäckige Stellen können Sie einen Spachtel zu Hilfe nehmen. Für die Rillen sind in Hobby- und Baumärkten schmale Schaber erhältlich. Eine Bohrmaschine mit passender Drahtbürste bespannt, leistet ebenfalls gute Dienste. Der Schleifstaub wird anschließend mit einem Staubsauger oder einem fusselfreien Tuch entfernt.

Zum Abbeizen streichen Sie das Abbeizmittel auf den blätternden Lack. Nach kurzer Zeit quillt der Lackfilm auf und läßt sich mit einem Spachtel von der Holzoberfläche abheben. In hartnäckigen Fällen muß der Abbeizer zweimal aufgetragen werden. Lackreste in den Rillen lassen sich am besten mit Stahlwolle oder einer Drahtbürste entfernen. Das gesäuberte Holztor mit Holzschutzgrund imprägnieren.

Holztore mit einem glänzenden, unbeschädigten Lacküberzug brauchen vor der Bemalung nur mit einem Spülmittel gereinigt zu werden. Damit der neue Lack haften kann, rauhen Sie die alte Lackschicht mit Schleifpapier der Körnung 180–240 leicht an. Der Schleifstaub wird mit einer Bürste entfernt.

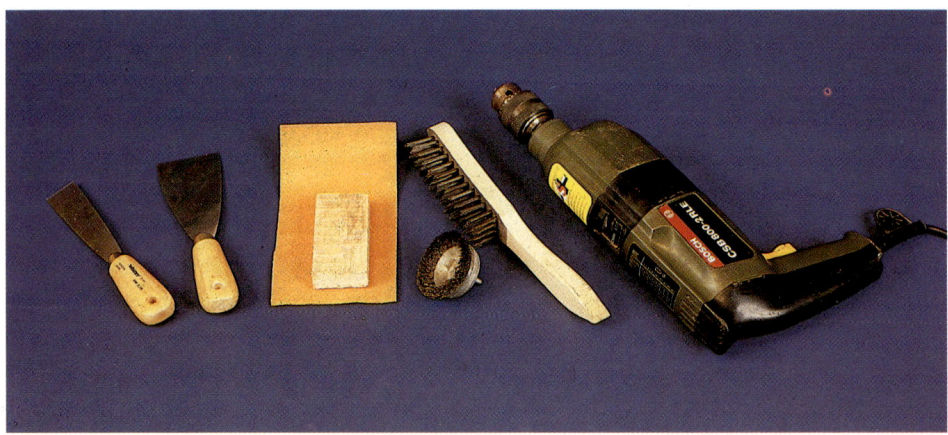

Alte Farbe kann abgespachtelt und abgeschmirgelt werden. Eine mit passender Drahtbürste bespannte Bohrmaschine erleichtert das Abschmirgeln.

Verzinkte und Eisentore

Verzinkte Garagentore werden mit stark verdünntem Ammoniakwasser und etwas Spülmittel entfettet und anschließend mit Wasser nachgewaschen. Auf die getrocknete Torfläche tragen Sie mit einem Flachpinsel Metallgrund auf. Dadurch wird für den nachfolgenden Lack eine Haftbrücke geschaffen. Nach etwa vierundzwanzig Stunden ist dieser Voranstrich überstreichbar.

Soweit bei der späteren Bemalung Farbtöne aus dem Gelb-Orange-Rot-Bereich eingesetzt werden, ist es zu empfehlen, den Untergrund jeweils weiß vorzulackieren. Dies gilt auch für Mischfarbtöne, die größere Anteile von gelben, orangefarbenen und roten Farbstoffen besitzen. Diese Farbtöne können ihre ganze Leuchtkraft erst auf dem weiß vorlackierten Untergrund entfalten.

Eisengaragentore müssen auf Roststellen und Lackfehler hin untersucht werden. Die Lackqualität läßt sich mit dem Gitterschnitt prüfen. Ziehen Sie dazu mit einer Rasierklinge zehn waagerechte und zehn senkrechte Schnitte im Abstand von einem Millimeter in die alte Lackierung. Darüber kleben Sie ein zwei Zentimeter breites Stück Tesakrepp-Klebeband und reißen es mit einem Ruck ab. Höchstens ein Zehntel des überklebten Lackes darf fehlen. Der Gitterschnitt sollte an einer optisch unwichtigen Stelle gesetzt werden.

Lackanstriche, die diesem Test nicht standgehalten haben, müssen mit Abbeizmittel entfernt werden. Dazu den Abbeizer mit einem weichen Pinsel auftragen und zehn bis zwanzig Minuten wirken lassen. Die aufgeweichten Farbschichten werden mit einem Spachtelmesser entfernt. Bei mehreren Schichten oder sehr alten Anstrichen wird der Vorgang wiederholt. Waschen Sie anschließend Ihr Eisentor mit klarem Wasser und einer Drahtbürste. Keine Kunststoffbürsten verwenden! Kunststoff wird von dem Beizmittel angegriffen. Reinigen Sie Ihre Arbeitsgeräte sofort mit Wasser oder Testbenzin. Sämtliche Roststellen anschließend mit der Drahtbürste und Schmirgelpapier entfernen.

Die Toreinfassung kleben Sie mit Tesakrepp-Klebeband und Zeitungspapier ab, außerdem legen Sie einige Zeitungsbögen auf den Boden vor der Garage. Anschließend grundieren Sie das Tor mit Bleimennige oder Rostschutzfarbe.

Hat der alte Lackanstrich Ihres Eisentores noch Glanz und den Gitterschnitt-Test bestanden, brauchen Sie lediglich den Lack zu säubern, die obere Lackschicht mit feinem Schmirgelpapier leicht anzuschleifen und den Schleifstaub zu entfernen.

Zum Abbeizen Flachpinsel, Drahtbürste und Spachtel bereitlegen.

Die Farbe

Zur Garagentorbemalung kann jeder hitze- und frostbeständige Außenlack benutzt werden. Besonders leicht läßt sich Acryllack verarbeiten. Er trocknet schnell und ist im feuchten Zustand mit Wasser verdünnbar. Das heißt für die Praxis: Fehlstriche können sofort mit einem nassen Lappen ausgebessert werden; frische Farbpinsel lassen sich einfach mit Wasser reinigen.

Für sämtliche Lackwerkstoffe gilt: nicht bei Regen oder Frost streichen. Ebenso sollte das Garagentor nicht erhitzt sein, wenn Farbe aufgetragen wird. Daher eignen sich in den Sommermonaten besonders die Morgen-und Abendstunden zum Lackieren. Rechtzeitiges Hochklappen des Tores verhindert tagsüber eine zu starke Erwärmung.

Vor jeder neuen Lackschicht muß der Untergrund mit Schleifpapier der Körnung 180–240 aufgerauht werden.

Gut geeignet zum Streichen größerer Flächen sind Flachpinsel. Für Striche, Punkte und Kanten einen langborstigen Rundpinsel nehmen.

Besonders randscharfe Farbflächen errei-chen Sie durch Abkleben mit Tesakrepp-Klebeband. Die Farbflächen, auf die das Klebeband geklebt wird, müssen gut durchgetrocknet sein und dürfen sich nicht mehr klebrig anfühlen. Außerdem ist es wichtig, daß Sie das Klebeband sofort nach dem Ausmalen der jeweils abgeklebten Farbfläche vorsichtig wieder entfernen.

Farbe läßt sich nicht nur mit dem Pinsel verarbeiten. Wollen Sie jegliche Oberflächenstruktur vermeiden, müssen Sie zur Spritztechnik greifen. Einige Firmen bieten ihren Lack auch in Sprühdosen an. Zum Spritzen muß es völlig windstill sein. Bei dieser Technik ist dem Abkleben besondere Aufmerksamkeit zu widmen. Das heißt: alles gründlich und großzügig abkleben, selbst der Garagentorhebel sollte nicht unbedeckt bleiben. Beginnen Sie den Spritzvorgang stets außerhalb des Musters und fahren Sie vor Beendigung wieder aus der Fläche heraus. Große Flächen werden im Kreuzgang bearbeitet: Sie sprühen erst von oben nach unten und decken danach dieselbe Fläche nochmals von links nach rechts ab. Wenn Sie eine Spritzpistole verwenden, nehmen Sie die Flachstrahldüse.

Die Spritztechnik läßt sich ebenfalls zum Abbeizen und zum Grundieren des Garagentors einsetzen.

Die Auswahl der Farben und der Pinsel richtet sich nach den Erfordernissen des Motivs.

Die Motivwahl

Es gibt nichts, was nicht auf ein Garagentor zu übertragen wäre. Motive finden Sie im Familienalbum, auf Kalenderblättern, in Büchern und in Zeitschriften. Entscheidend ist nur, ob das bemalte Garagentor aus mehreren Metern Entfernung wirken soll, oder ob sich das Bild erst dem Näherkommenden erschließt.

Bemalungen mit Fernwirkung liegen klare, großflächige Motive zugrunde. Kontraste wie Hell/Dunkel, Warm/Kalt oder Intensiv/Stumpf unterstützen Aussagekraft und Spannung des Bildes. Soll der Betrachter zum genauen Hinschauen angeregt werden, kann auf große Formen verzichtet werden. Statt dessen spielen die Art des Farbauftrages sowie die kleine, erst auf den zweiten Blick zu erkennende Besonderheit eine große Rolle. So kann sich zum Beispiel ein von weitem erkennbares Himmelbild mit weißen Wolken beim Näherkommen als Schafherde auf tiefblauer Wiese entpuppen.

Vor der Motivwahl muß weiterhin geklärt werden, ob die Bemalung eine Anpassung an die Umgebung, gleichsam eine Tarnung des Garagentores bewirken soll, oder ob Sie Ihr Tor als Blickfang setzen wollen. Um Ihr Garagentor an die Umgebung anzupassen, müssen lediglich die dominierenden Farben dieser Umgebung in dem Garagentormotiv wieder auftauchen.

Zum Blickfang wird das Tor, wenn Sie eine besondere Idee verwirklichen, zum Beispiel ein allgemein bekanntes Kunstwerk wie Rembrandts »Mann mit dem Goldhelm« abzeichnen, einen Geldschein oder ein Fünfmarkstück übertragen, eine Landkarte oder eine Briefmarke herausbringen. Sie können Ihr Garagentor auch optisch teilen oder zeigen, was sich hinter ihm verbirgt; Sie können Ihr eigenes Emblem vorstellen oder Ihren Wachhund porträtieren. Wie gesagt, jedes Motiv ist selbst für Anfänger übertragbar. Die verschiedenen Möglichkeiten werden in den folgenden Kapiteln vorgestellt.

Der gelungene Blickfang:
Illusion mit Hintergedanken

Vom Charme kleiner Bilder:
Wenig Aufwand – große Wirkung

Große Flächen, klare Formen:
Dieses Garagentor entfaltet seine Wirkung
erst aus mehreren Metern Entfernung.

Die Diaprojektionsmethode

Wer ganz sichergehen möchte, daß sein Garagentormotiv auch so übertragen wird, wie er es sich vorstellt, wählt die Diaprojektionsmethode. Sie ist die zuverlässigste Möglichkeit, ein Motiv auf ein Garagentor zu übertragen. Das spätere Ergebnis kann bereits vor dem ersten Pinselstrich auf der Torwand betrachtet werden. Einzige Voraussetzung: das gewählte Motiv muß als Diapositiv vorliegen. Am einfachsten ist es natürlich, man hat sofort ein passendes Dia zur Hand. Wenn nicht, nimmt man das gewünschte Motiv mit einem Farb- oder Schwarzweißdiafilm auf. Das kann eine Landschaft, eine Blume, eine Katze oder auch ein bereits gedrucktes Motiv sein. Versuchen Sie beim – wenn erforderlich genehmigten – Abfotografieren aus Büchern, Katalogen oder Zeitschriften möglichst mit dem Tageslicht zu arbeiten. Halten sie den Fotoapparat parallel zur Papierfläche und machen Sie, wenn es Ihre Kamera erlaubt, mehrere Aufnahmen mit verschiedenen Zeit- und Blendenwerten.

Es besteht noch eine zweite Möglichkeit, an eine übertragbare Motivvorlage zu kommen: Sie stellen sich Ihr Dia sozusagen selbst her. Lassen Sie Ihr Motiv von einem Fotokopiergerät auf die Größe eines Diapositivs verklei-

nern. Die Verkleinerung übertragen Sie mit Bleistift auf Transparentpapier und passen die ausgeschnittene Strichzeichnung in ein Diarähmchen ein.

Bei ausreichender Dunkelheit wird das nach einer dieser beiden Möglichkeiten vorbereitete Motiv mit Hilfe eines Diaprojektors auf das Garagentor projiziert. Die Entfernung des Projektors vom Tor bestimmt die Größe der Zeichnung. Je nach dem Farbton des Untergrundes läßt sich das Motiv mit Zeichenkohle, dicken Filzstiften oder Tafelkreide übertragen. Die Striche der Transparentpapiervorlagen erscheinen erfahrungsgemäß fünf Millimeter stark auf der Torwand. Um Unregelmäßigkeiten zu vermeiden, übertragen Sie die Striche jeweils entweder entlang der Ober- oder entlang der Unterkante der Fünfmillimeterlinie. Arbeiten Sie systematisch von oben nach unten. Dadurch ist gewährleistet, daß Sie sämtliche Linien erfassen. Überprüfen Sie zum Schluß das Ergebnis am Garagentor, indem Sie das Dia aus dem Projektor herausnehmen und den Transporthebel durchdrücken. Vergessene Linien lassen sich durch erneutes Einlegen des Motivs leicht nachtragen. Bei komplizierten und vielfarbigen Motiven empfiehlt es sich, Farbtöne

Das Garagentor wird für die Bemalung vorbereitet.

Je nach Untergrund werden Zeichenkohle, Filzstifte oder Kreide zum Übertragen der Linien verwendet.

Zeichenvorlage für den Oldtimer

und Schattierungen in die entsprechenden Felder zu schreiben.

Um eine Doppelgarage zu bemalen, muß der Diaprojektor so weit von der Garage entfernt werden, bis das Motiv die gesamte Torfläche bedeckt. Wenn Sie mit Transparentpapiervorlagen arbeiten, verteilen Sie die Zeich-

nung möglichst auf zwei Dias. Beim Ausrichten mit dem Diaprojektor muß auf den nahtlosen Übergang aneinander anschließender Linien geachtet werden. Es ist auch durchaus reizvoll, ein und dasselbe Dia auf beiden Torhälften zu verwenden. Für die zweite Torhälfte legen Sie das Dia seitenverkehrt in den Projektor ein.

Die Diaprojektionsmethode eignet sich ebenfalls für experimentelle Mischproduktionen. Sie können ein Garagentormotiv zum Beispiel auch aus mehreren Diapositiven zusammensetzen. Eine Art Doppelbelichtung also. Mit einem Dia gestalten Sie den Hintergrund, das andere Dia füllt den Vordergrund Ihres Bildes. Ebenso lassen sich umgekehrt mit einem einzigen Dia interessante Effekte erzielen. Verschoben mehrmals an die Wand geworfen und abgezeichnet, gerät ein Teil des Bildes (Pferd, Auto) in scheinbare Bewegung. Wichtig: Das Teil muß eine klar abgegrenzte Umrandung besitzen. Bei der späteren Farbgestaltung sollte jedes Einzelteil seinen eigenen Farbton bekommen.

Mit dem Diaprojektor wird das Motiv bei Dunkelheit an das Tor geworfen.

Bevor Sie mit dem Lackieren beginnen, legen Sie etwas Zeitungspapier auf dem Boden aus und stellen Farben, Pinsel und Terpentinersatz bereit. Auch ein paar Lappen zum Ausbessern von Fehlern, mehrere Holzstäbchen zum Umrühren der Farbe und einige leere Konservengläser zum Mischen von Farben sollten in greifbarer Nähe sein.

Übrigens: Mit den fünf Farben Gelb, Rot, Blau, Weiß und Schwarz können Sie selbst das bunteste Motiv gestalten. Aus den Grundfarben Gelb, Rot, Blau lassen sich sämtliche Farbtöne mischen. Weiß nehmen Sie zum Aufhellen und Schwarz oder Braun zum Abtönen. Probieren Sie das Mischen auf alle Fälle zunächst auf einem Pappkarton aus, es gehört ein bißchen Übung und Fingerspitzengefühl dazu.

Hier der Farbauftrag mit einem kleinen Flachpinsel

Der grüne Farbton ist aufgetragen. Schattierungen werden erreicht, indem mit einem kleinen Flachpinsel helle (gelb, weiß) und dunkle (braun, schwarz, blau) Farben auf die getrockneten Grundfarben aufgetragen werden.

Zuerst werden die helleren Farbtöne aufgetragen, dann nach und nach die dunkleren. Wenn Sie von hell nach dunkel arbeiten, nutzen Sie das Deckvermögen der dunkleren Farbtöne optimal aus. Es sollten dabei nie direkt aneinandergrenzende Flächen lackiert werden. Die Konturen der naß in naß nebeneinander aufgetragenen Farbflächen verlaufen sonst ineinander. Erst wenn die einzelnen Motivflächen nach der vorgeschriebenen Trocknungszeit überstreichbar sind, können Sie die nächste Fläche frei Hand oder nach Abkleben mit Tesakrepp-Klebeband direkt angrenzend lackieren.

Gut geeignet zum Streichen sind Pinsel, die schon ein wenig abgearbeitet sind. Neue Pinsel neigen häufig ein wenig zum »Haare lassen«. Damit die Pinsel nicht eintrocknen, sollten sie bei längeren Arbeitspausen in einem Konservenglas mit kaltem Wasser aufgehoben werden. Stecken Sie den Pinselstiel soweit durch ein Loch im Schraubverschluß, daß die Borsten den Boden nicht berühren. Der Deckel auf dem Stiel kann gleichzeitig als Tropfenfang beim Malen dienen.

Dauert die Lackierarbeit mehrere Tage, so brauchen Sie nicht jeden Abend sämtliche Pinsel auszuwaschen. Wickeln Sie die Pinsel einzeln in Alufolie ein. Sie bleiben dann trotz Farbe bis zu zwei Tage lang verwendungsfähig.

Sobald die Garagentorbemalung abgeschlossen ist, werden die nicht aufgebrauchten, angebrochenen Farbdosen verschlossen und kurz auf den Kopf gestellt. Dadurch wird der Dosenrand luftdicht versiegelt.

Mit verschiedenen Grautönen werden die restlichen Bildteile ausgearbeitet. Für die großen Flächen langborstige Flachpinsel nehmen, für Punkte und Linien kleine Rundpinsel einsetzen.

Vorlagen und Motive für den Diaprojektor

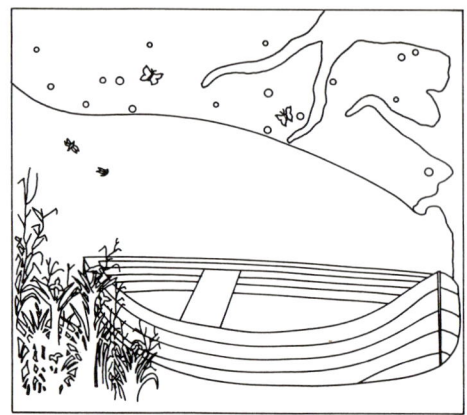

Zeichenvorlage für das »Boot am Fluß«

Das stimmungsvolle Garagenbild mit Boot lebt durch die gelungene Farbwahl. Mischen Sie die gewünschten Töne in leeren Konservengläsern an. Reichlich bemessene Mischfarbe für die großen Flächen Grün und Blau schützt vor nachträglichem Stückeln. Durch einige Probestriche auf dem unbehandelten Garagentor läßt sich der endgültige Farbton prüfen: die flüssige Farbmasse hat meist einen etwas helleren Ton als der getrocknete Anstrich. Arbeiten Sie die großen Flächen mit einem Flachpinsel aus. Die Weidenzweige werden zum Schluß mit einem Rundpinsel eingesetzt.

Romantisch: Das Boot am Fluß

Zeichenvorlage für die »Pferdestärken hinter Fachwerk«

Wenn möglich, sollte das Fachwerkmotiv mit Sprühlack oder Spritzpistole gearbeitet werden. Gesprühte Farbe garantiert gleichmäßigen Farbauftrag. Klare Konturen erhalten Sie durch sorgfältiges Abkleben. Gerade Linien können mit Tesakrepp-Klebeband abgeklebt werden. Für die gebogenen Linien des Autos bestreichen Sie alle nicht deckenden Teile mit Fett. Nachdem die gespritzte Farbe getrocknet ist, waschen Sie das Garagentor mit Fettlöser (Spülmittel) ab und bereiten die nächste Farbfläche mit einer Fettumrandung vor.

Beachten Sie, daß stehende Flächen schneller trocknen als liegende. Also zügig lackieren! Am besten, Sie vernebeln vorher. Das heißt: Im ersten Spritzgang spritzen Sie noch nicht deckend. Die erste Schicht gut einziehen, aber noch nicht ganz austrocknen lassen. Dann deckend lackieren.

Plakativ: Pferdestärken hinter Fachwerk

Achten Sie beim Ausrichten des Oldtimer-Motivs mit dem Diaprojektor auf den Garagentorhebel. Geschickt in die Kühlerhaube eingebaut, wird er zum Teil des Autos. Arbeiten Sie beim Übertragen der Linien von oben nach unten. So ist gewährleistet, daß Sie alle Linien erfassen. Überprüfen Sie das Ergebnis am Garagentor, indem Sie das Dia aus dem Projektor herausnehmen und den Transporthebel durchdrücken.

Die Illusion schimmernder Lackteile wird erzielt, indem Weiß mit einem kurzborstigen Flachpinsel gegen das Garagentor gestupft wird. Nehmen Sie sich Zeit für die Kühlerhaube und den Fahrgastraum. Die hellsten und die dunkelsten Stellen werden zum Schluß eingesetzt.

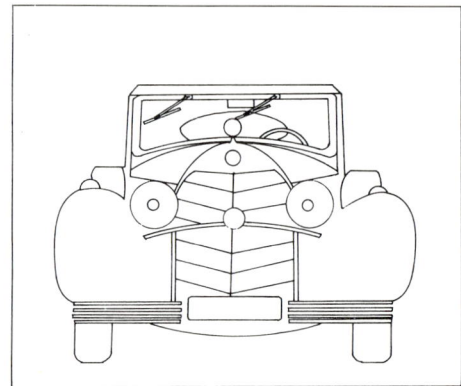

Zeichenvorlage für »Alte Liebe auf Hochglanz«

Gekonnt: Alte Liebe auf Hochglanz

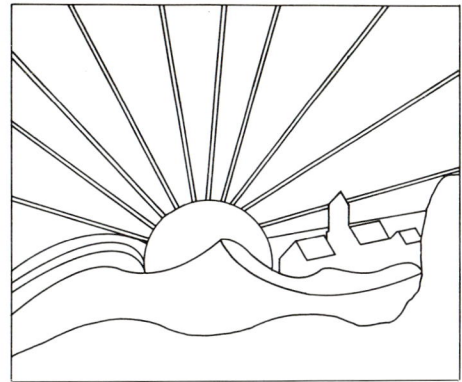

Zeichenvorlage für die »Sonne im Bild«

Zeichenvorlage für Seite 16/17

Um bei diesem Sprühen scharfe Konturen zu erhalten, sollten die geraden Linien vor dem Farbauftrag mit Tesakrepp-Klebeband und Papier abgeklebt werden.

Ein Doppelgaragentor zu bemalen, macht nicht gleichzeitig doppelt soviel Arbeit. Wenn Sie nicht alleine malen, macht die Sache jedoch doppelt soviel Spaß. Das Resultat können Sie auf der nächsten Seite bewundern.

Strahlend: Sonne im Bild

Lebendig: Erste Hilfe fürs Auto

Die Rastermethode

Wer lieber etwas großzügiger arbeitet und trotzdem nicht auf genaue Anhaltspunkte verzichten möchte, der wählt die Rastermethode. Mit ihr lassen sich alle Fotos und Bilder mit großflächigen und klaren Motiven auf Garagentore übertragen.

Messen Sie mit einem Zollstock die Höhe Ihres Garagentores und teilen Sie sie durch zwanzig (zum Beispiel: 200 : 20 cm = 10 cm). In dem errechneten Abstand ziehen Sie waagerechte Linien auf die Torfläche. Je nach Farbe des Untergrundes benutzen Sie Zeichenkohle, dicke Filzstifte oder Tafelkreide. Bei unserem Beispiel wurde nach jedem zehnten Zentimeter ein waagerechter Strich gezogen. Die Breite des Tores braucht nicht gemessen zu werden. Die senkrechten Linien verlaufen im gleichen Abstand wie die waagerechten, so daß gleichmäßige Quadrate entstehen. Ein auf einer Seite nicht aufgehender Rest spielt keine Rolle. Legen Sie über Ihre Motivvorlage ein Raster mit derselben Anzahl an Quadraten. Das heißt: Die Längsseite muß ebenfalls in waagerechte Linien unterteilt werden und die Breitseite wird wiederum im gleichen Abstand von senkrechten Linien durchzogen. Alle Teile der Vorlage innerhalb des kleinen Gitternetzes können nun auf das

große Gitternetz des Garagentores übertragen werden. Dazu werden die Berührungspunkte des Rasters mit dem Motiv in den Raster des Garagentores gesetzt. Gemäß der Vorlage verbinden Sie die Punkte durch Striche.

Der anschließende Farbauftrag wird wesentlich erleichtert, wenn zuvor in regelmäßigen Abständen weitere Orientierungspunkte gesetzt werden. In unserem Fall bietet es sich an, die Schnittpunkte von jeweils vier mal vier Gitterkästchen zu markieren. Wenn Sie es, wie bei dem Rosenmotiv, mit einer vielschichtigen, lebendigen Zeichnung zu tun haben, sollte sich der Farbauftrag der Vorlage anpassen, d. h. ebenso vielfältig strukturiert sein. Hier wird mit vielen Mischtönen gearbeitet; der Pinselstrich bleibt sichtbar. Diesen Effekt erzielt man mit einem kurzborstigen Flachpinsel. Die Farbe wird großzügig aufgenommen und in dicken Strichen über das Garagentor gezogen. Der nächste Farbton wird naß in naß direkt über oder neben den letzten Strich gelegt. Für die Mischfarben leere Konservengläser bereitstellen. Ein Hindernis bilden die Rillen des Garagentores. Sie müssen gesondert eingefärbt werden – möglichst in Farbe und Strichrichtung mit der übrigen Zeichnung übereinstimmend.

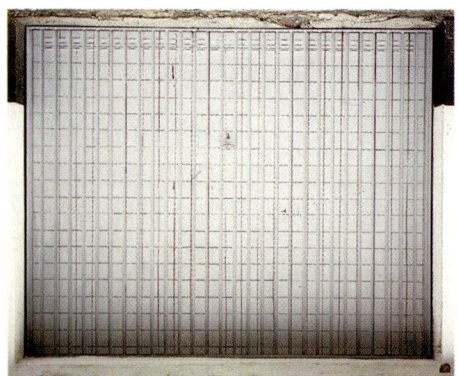

Senkrechte und waagerechte Striche werden über das Garagentor gezogen, so daß Quadrate entstehen.

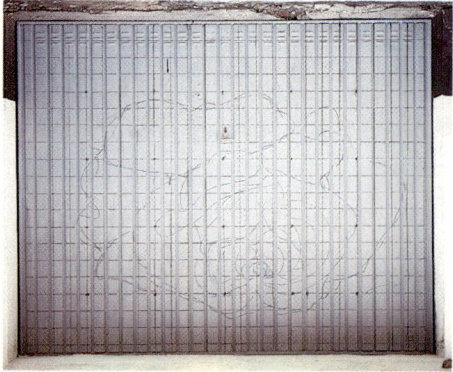

Weitere Orientierungspunkte erleichtern den anschließenden Farbauftrag. Hier wurden die Schnittpunkte von jeweils vier mal vier Gitterkästchen markiert.

Anders ist es, wenn Sie ein ruhiges Motiv mit strenger Flächenaufteilung einstreichen wollen. Für schattenfreie Farbflächen braucht man langborstige Flachpinsel. Sie nehmen viel Farbe auf und streichen zuerst in senkrechten und danach in waagerechten Strichen ihre Fläche ein. Wollen Sie die Fernwirkung Ihres Motivs noch verstärken, setzen Sie um die Konturen einen ein Zentimeter breiten, schwarzen Strich.

Besonders gleichmäßigen Farbauftrag erzielen Sie mit der Spritztechnik. Dazu arbeiten Sie entweder mit der Spritzpistole oder mit Sprühdosen. Zum Spritzen muß es völlig windstill sein. Bei dieser Technik wird von Farbe zu Farbe gearbeitet. Alle Teile eines Farbtons werden in einem Spritzgang eingefärbt. Dazu werden alle Teile des Musters, die keine Farbe abbekommen sollen, mit Tesakrepp-Klebeband und Papier abgeklebt oder mit Fett bestrichen. Nachdem die gespritzte Farbe getrocknet ist, nehmen Sie das Klebeband ab und entfernen das Fett mit Wasser und Spülmittel. Dann werden die nächsten Farbflächen vorbereitet.

Beginnen Sie den Spritzvorgang stets außerhalb des Musters und fahren Sie vor Beendigung wieder aus der Fläche hinaus. Der richtige Spritzabstand beträgt 25–30 Zentimeter. Halten Sie die Pistole oder die Sprühdose stets in gleichem Abstand zur Toroberfläche und schwenken Sie das Sprühgerät nie aus dem Handgelenk heraus. Große Flächen werden im Kreuzgang bearbeitet. Das heißt: Sie besprühen die Farbfläche erst von oben nach unten und danach nochmals von links nach rechts. Wenn Sie die Spritzpistole verwenden, nehmen Sie die Flachstrahldüse.

Zeichenvorlage für die Rose: Die gleiche Anzahl an Quadraten wird als kleiner Raster über die Motivvorlage gelegt.

Beachten Sie, daß stehende Flächen schneller trocknen als liegende. Also zügig lackieren. Am besten Sie vernebeln vorher. Das heißt: Im ersten Spritzgang spritzen Sie noch nicht deckend. Die erste Schicht gut einziehen, aber noch nicht ganz austrocknen lassen. Dann deckend lackieren.

Mit der Rastermethode lassen sich besonders gut Motive aus der Bauernmalerei auf die Garagenoberfläche übertragen. Bevor Sie das Motiv aufzeichnen, streichen Sie das gesamte Tor in einem warmen Grundton – zum Beispiel Mittelgrün – ein. Über die Motivvorlage und das Garagentor wird der Raster gelegt, die Berührungspunkte werden übertragen und der Vorlage gemäß die Striche gezogen.

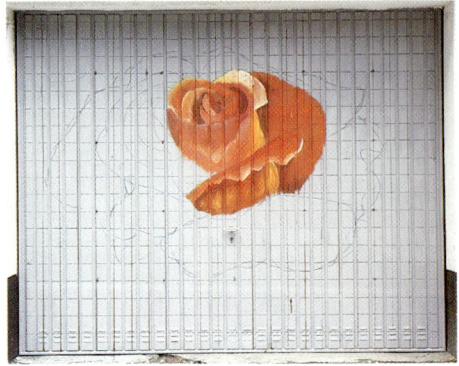

Mischtöne bringen Leben in das Motiv.

Die Farbe wird mit einem langborstigen Flachpinsel in dicken Strichen über das Garagentor gezogen. Der nächste Farbton wird direkt darüber oder daneben angelegt.

Für Motive aus der Bauernmalerei verwendet man langborstige Rundpinsel. Vor dem Auftragen der Farbe wird der Pinsel zu einer spitzen Form gestrichen, um die Dicke des Strichs zu bestimmen. Arbeiten Sie mit durchgezogenen, dem Verlauf des Motivs entsprechenden Pinselstrichen. Setzen Sie den Pinsel dünn an, geben dann Druck und lassen den Strich wieder dünn auslaufen.

Malen Sie niemals ein Motiv nur in einer Farbe aus. Entweder Sie nehmen nach einigen Strichen eine zweite Farbe (Naß-in-Naß-Methode) hinzu, oder Sie arbeiten mit zwei Farben gleichzeitig an einem Pinsel. Dazu wird der Pinsel zuerst in die eine und dann in die zweite Farbe getaucht. Mit dieser Technik lassen sich die Lebendigkeit und der Ausdruck des Bildes erheblich steigern. Die Schwierigkeit besteht darin, die Farbmenge, die auf den Pinsel genommen wird, richtig einzuschätzen. Vorherige Strichübungen auf einem Bogen Pappkarton können sehr hilfreich sein. Dort können auch Farbwirkungen vorgetestet werden.

Ebenso hilfreich ist es, die Licht- und die Schattenseite des Motivs vorher festzulegen, also die Seite zu bestimmen, von der Licht auf das Motiv fällt. Im Verlauf der Arbeit wird jedes einzelne Teil auf der Lichtseite heller und auf der Schattenseite dunkler ausgemalt. Mit Punkten, Strichen oder Schraffuren kann am Schluß das Motiv verstärkt werden. Wer möchte, kann um den Rand herum Verzierungen setzen.

Zum Schluß wird das ganze Werk nochmals überarbeitet: störende Farben werden stumpf übermalt; zu schwache Töne werden durch intensive Farben gesteigert.

Vorlagen und Motive für die Rastermethode

Wenige Formen – viel Wirkung:
Wenn Sie sich an die vorgegebenen Proportionen halten, ist dieses Motiv sicher und
leicht auch für weniger geübte Hobbykünst-
ler zu bewältigen. Die Rastermethode läßt
sich für Landschaftsbilder besonders gut einsetzen: Sie hilft, Größenverhältnisse einzuhal-
ten. Arbeiten Sie mit langborstigen Pinseln.
Nehmen Sie viel Farbe auf und streichen Sie
die Fläche in gleichmäßigen Strichen ein. Die
Vögel müssen eventuell in zwei Schichten
lackiert werden, damit die helle Farbe vollständig deckt. Einzelne Pinselstriche sollen
nur in den dunklen Bäumen des Vordergrun-
des zu erkennen sein.

Zeichenvorlage für die »Toscana«

Stimmungsvoll: ein bißchen Toscana

Dieses Garagenmotiv eines liegenden Man-
nes wurde einer Gruppe von vierundzwanzig
bemalten Garagentoren entnommen. Ob-
wohl die Übergänge fließend sind, ist jedes
Tor für sich eine geschlossene Einheit.
Beginnen Sie die Lackierarbeit mit dem
schwierigsten Teil: dem Gesicht. Um den
richtigen Farbton zu treffen, prüfen Sie vorher
mit einigen Probestrichen, wie sich die Farbe
beim Trocknen verändert.

Zeichenvorlage für »Junger Mann im Gras«

Kunstvoll: junger Mann im Gras

An die Malweise der Bauernmalerei wurde dieses Baummotiv angelehnt. Von weitem sind Baum und Katze zu erkennen. Der näher kommende Betrachter sieht die schwirrenden Schmetterlinge, die weißen Blüten und die reifen Äpfel.

Streichen Sie zuerst die Grundflächen mit einem langborstigen Flachpinsel in den Farben Dunkelgrün für den Hintergrund, Hellgrün für die Baumkrone und Hellbraun für den Baumstamm. Mit einem Rundpinsel werden die Kleinteile innerhalb der Flächen ausgezeichnet. Streichen Sie den Pinsel vor dem Farbauftrag zu einer spitzen Form, um Dicke und Form des Striches besonders bestimmen zu können.

Die Anzahl der Blätter, Blüten, Äpfel und Schmetterlinge in der Baumkrone bleibt dem persönlichen Geschmack überlassen, so daß jeder Baum seine persönliche Note erhält.

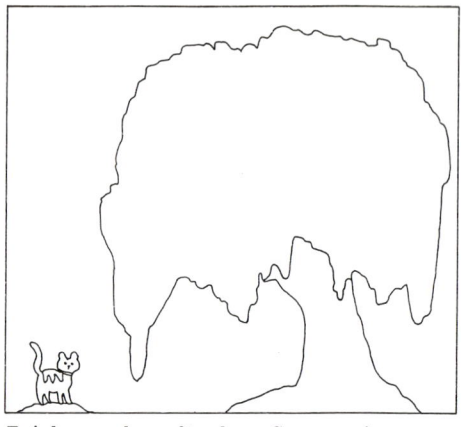

Zeichenvorlage für den »Sommer im Baum«

Fröhlich: Sommer im Baum

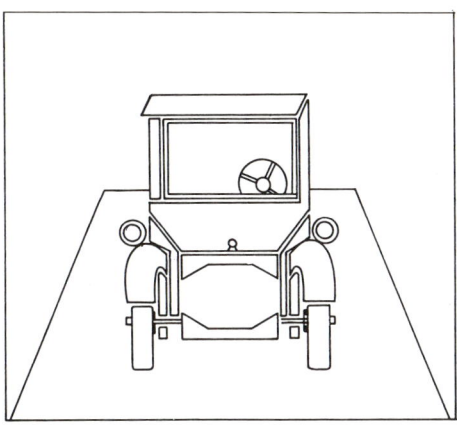

Zeichenvorlage für die »Ton-in-Ton-Malerei«

Durch seine dezente Farbgestaltung paßt sich dieses Ton-in-Ton-Motiv gut an die Umgebung an. Lackieren Sie zunächst den Untergrund in zwei verschiedenen Brauntönen. Die saubere und gerade Kante erhalten Sie durch Abkleben mit Tesakrepp-Klebeband. Zum Streichen langborstige Flachpinsel benutzen. Besser ist es jedoch, wenn Sie spritzen. Dann muß noch zusätzlich der Garagentorrahmen abgeklebt werden.

Auf die lackierte und getrocknete Lackfläche wird der Raster mit weißen Kreidestrichen gezogen und das Motiv übertragen. Die geraden Kanten des Motivs ebenfalls mit Tesakrepp-Klebeband abkleben und die Flächen gemäß der Vorlage einfärben. Vermeiden Sie beim Spritzen, den Farbbehälter völlig zu leeren. Die Gefahr, sich durch spuckenden Farbausstoß die gesamte Fläche zu verderben, ist bei fast geleerten Sprühdosen und Spritzpistolen sehr groß. Zum Schluß werden die restlichen Kreidestriche von der bemalten Garage entfernt.

Geschmackvoll: Ton-in-Ton-Malerei

Die Rastermethode hilft, Proportionen maßstabsgetreu zu übertragen. Über das Garagentor und die Motivvorlage wird je ein Gitternetz mit der gleichen Kästchenanzahl gelegt. Dann werden die Berührungspunkte des Rasters mit dem Motiv in den Raster des Garagentores eingesetzt. Gemäß der Vorlage werden die Punkte durch Linien verbunden. Beginnen Sie mit der Bemalung, indem Sie grob die Farbtöne festlegen. Ein kleiner Flachpinsel eignet sich zum Auftrag. Nehmen Sie die Farbe großzügig auf und ziehen Sie sie in dicken Strichen über die Torfläche. Um die Schattierungen innerhalb einer Farbfläche zu erreichen, werden die Pinselstriche jeweils direkt nebeneinandergelegt. Die Rillen in der Garagentorfläche müssen gesondert gezeichnet werden. Um Brüche zu vermeiden, sollten Farbton und Strichrichtung mit der übrigen Zeichnung übereinstimmen. Im nächsten Schritt legen Sie fest, woher das Licht kommt. Alle Bildelemente erhalten auf ihrer Sonnenseite hellere Farbtöne und auf ihrer Schattenseite dunklere Strukturen, die dem Bild Tiefe geben.

Zum Schluß prüfen Sie nochmals die gesamte Bildwirkung. Wer möchte, kann es zum Schutz mit einer Schicht Klarlack überziehen.

Traumhaft: Frühling in Finnland

Zeichenvorlage für den »Frühling in Finnland«

Die Frei-Hand-Methode

Auch wer über keine große Erfahrung im Umgang mit Pinsel und Farbe verfügt, kann sein Garagentor aus der freien Hand heraus bemalen. In der Frei-Hand-Malerei gibt es verschiedene Wege, um ans Ziel zu gelangen. Die gebräuchlichsten Methoden sollen Ihnen nun vorgestellt werden. Welche davon Ihnen am meisten liegt, werden Sie dann schnell erkennen:

Bei der ersten Methode legen Sie eine grobe Filzstiftzeichnung über das grundierte Tor. Beginnen Sie die Arbeit mit der Farbe, indem Sie die bildbestimmenden Flächen (Wasser, Berge, Himmel) ausmalen, ohne Oberflächenstrukturen zu beachten. Am Ende dieses Schrittes müssen nur die Farben stimmen. Bei Landschaftbildern haben im Vordergrund liegende Flächen dunkle und warme Farbtöne. Je weiter ein Objekt in den Hintergrund rücken soll, desto heller, grauer und blauer wird es im Tonwert. Das gleiche gilt für Himmelsdarstellungen: Am oberen Bildrand erscheint der Himmel in seinem tiefsten und dunkelsten Farbton, der sich nach unten hin stetig aufhellt. Sparen Sie sich die hellsten Stellen und die tiefsten Schatten bis zum Schluß auf.

Denken Sie bei Ihrem Landschaftsbild auch immer an die jeweilige Wetterstimmung. Sonnenschein, Nebel, Gewitter, Schnee und Regen zaubern aus derselben Landschaft immer neue Farbstimmungen, die mit den eigentlichen Grundfarben – Blau für Himmel, Weiß für Wolken, Grün für Gras und Laub, Rot für Hausdächer – oft kaum mehr etwas gemein haben.

Im nächsten Schritt werden die Feinheiten gezeichnet: Das Wasser bekommt Wellen und ein Dorf entsteht, auf den Hügeln werden Bäume sichtbar, Berge bekommen Täler und Grate.

Legen Sie vorher fest, woher das Licht kommt. Alle dieser Seite zugewandten Bildpartien bekommen einen helleren Ton. Mischfarben können auf einem Holzbrett oder in leeren Konservengläsern vorher angemischt werden. Sie können aber auch, wie in unserem Fall, direkt auf dem Garagentor angemischt werden. Vorteil: Das Bild wird

Nachdem eine grobe Filzstiftzeichnung angelegt und die wichtigsten Flächen ausgemalt wurden, bekommt das Wasser Wellen, ein Dorf entsteht.

Auf den Hügeln werden Bäume sichtbar.

Die Berge werden strukturiert.

lebendiger. Nachteil: Der Zeichner muß sehr schnell arbeiten, weil die Farben dabei naß in naß übereinander gelegt werden müssen.

Beachten Sie, daß vorn liegende Dinge klarer, größer und genauer zu sehen sind. Der Hintergrund verschwimmt Schritt für Schritt bis zur Unkenntlichkeit. Zum Schluß sollten Sie die gesamte Bildwirkung prüfen. Vielleicht stört irgendwo eine zu kräftige Farbe, die stumpf übermalt werden muß, oder es gilt, die Wirkung von zu schwachen Tönen in wichtigen Bildpartien durch intensive Farben zu steigern.

Die zweite Methode beginnt mit einem durchscheinend auf die Grundierung aufgetragenen Ton. Dazu mischen Sie die Acrylfarben mit sehr viel Wasser an. Wählen Sie nach der gewünschten Bildstimmung einen Grundton, der von einem kalten, hellen Blau, bis hin zu einem warmen Braunton reichen kann. Schritt für Schritt werden weitere Farben eingezeichnet. Der Grundton bleibt jedoch durch die Farbflächen hindurch sichtbar. Auf diese Weise erreichen Sie eine gute Farbharmonie. Malen Sie weiter mit halbdeckenden Tönen. Arbeiten Sie erst zum Schluß deckend, und setzen Sie frische Farben.

Bei der dritten Methode gehen Sie von stark farbigen Flächen aus, die Sie im Laufe des Malvorgangs verfeinern. Beginnen Sie zum Beispiel mit den Elementen Himmel, Wasser und Erde, die Sie mit einem großen Flachpin-

Landschaftsmalerei nach den Regeln der Frei-Hand-Methode

sel anlegen. Lockern Sie die groben Flächen auf, etwa durch das Einsetzen einer Wolke oder durch die farbliche Trennung eines Hügels im Vordergrund von einem Berg im Hintergrund.

Nun können Sie darangehen, zu intensive Farbpartien durch gemischte, also stumpfere Farben abzuschwächen. Das bewirkt, daß intensive Farbpartien durch die stumpfer gewordene Umgebung noch intensiver leuchten. Bringen Sie zum Schluß Formen und Strukturen ins Bild.

Vorlagen und Motive für die Frei-Hand-Methode

Mit der Frei-Hand-Methode lassen sich besonders gut neue Maltechniken ausprobieren, denn Farbe läßt sich nicht nur mit dem Pinsel verarbeiten. Interessante Muster ent-

Übergreifend: Garagenmalerei, das ist mehr als nur farbig gestaltete Torfläche.

stehen, wenn Sie einen Schwamm in Form schneiden und ihn, in Lack getaucht, mehrmals gegen das Garagentor drücken.

Eine kräftig strukturierte Oberfläche erhalten Sie mit der Spachteltechnik. Dazu nehmen Sie reichlich unverdünnte Farbe auf einen Spachtel und tragen die Masse von der Kante her auf den Malgrund auf. Zusätzliche Akzente können Sie mit der Spachtelspitze erzielen, indem Sie in der Farbe tupfen oder Striche ziehen. Diese Technik funktioniert besonders gut mit angetrockneter Acrylfarbe oder einer anderen dickflüssigen Lackfarbe.

Für welche Art des Farbauftrags Sie sich entscheiden, hängt ganz von dem Motiv und der beabsichtigten Wirkung ab.

Wer besonders weiche Übergänge im Hintergrund haben möchte, trägt die verschiedenen Farbflächen durch Spritzen auf. Man nimmt dazu entweder Sprühlack oder eine Spritzpistole. Wer besonders harte Formen erreichen möchte, arbeitet mit Schablonen. Durchsichtige Klebefolie wird in kleine oder große Formen geschnitten, auf das Tor geklebt, großflächig übersprüht und wieder abgezogen.

Tips und Ratschläge

1. Prüfen Sie die Lackqualität Ihres Garagentores vor der Bemalung mit dem Gitterschnitt-Test. Ziehen Sie dazu mit einer Rasierklinge zehn waagerechte und zehn senkrechte Schnitte im Abstand von einem Millimeter in die alte Lackierung. Ein darübergeklebtes und wieder abgerissenes Stück Tesakrepp-Klebeband darf höchstens ein Zehntel des überklebten Lackes mitziehen.

2. Eine weiße Vorlackierung ist zu empfehlen, wenn Sie Farbtöne aus dem Gelb-Orange-Rot-Bereich bei der späteren Bemalung einsetzen. Diese Farbtöne können ihre ganze Leuchtkraft erst auf einem weiß vorlackierten Untergrund entfalten.

3. Wenn Sie Farben sparen wollen: mit den Farbtönen Gelb, Rot, Blau, Weiß und Schwarz läßt sich selbst das bunteste Motiv gestalten. Aus den Grundfarben Gelb, Rot und Blau lassen sich sämtliche Farbtöne mischen. Weiß nehmen Sie zum Aufhellen und Schwarz zum Abtönen.

4. Lackieren Sie direkt aneinandergrenzende Flächen nie naß in naß. Die Konturen verlaufen sonst ineinander.

5. Nehmen Sie zum Streichen Pinsel, die schon ein wenig abgearbeitet sind. Neue Pinsel neigen häufig ein wenig zum »Haare lassen«.

6. Dauert die Lackierarbeit mehrere Tage, brauchen Sie nicht jeden Abend sämtliche Pinsel auszuwaschen. Einzeln in Alufolie gewickelt, bleiben die Pinsel trotz Farbe bis zu zwei Tagen verwendungsfähig.

7. Pinsel mit Lackfarbe lassen sich vorübergehend in einem Konservenglas mit kaltem Wasser aufheben, wenn man den Pinselstiel soweit durch ein Loch im Schraubverschluß steckt, daß die Borsten den Boden nicht berühren. Der Deckel auf dem Stiel dient gleichzeitig als Tropfenfang beim Malen.

8. Die nicht mehr aufgebrauchten, angebrochenen Farbdosen werden nach Abschluß der Garagentorbemalung verschlossen und kurz auf den Kopf gestellt. Dadurch wird der Dosenrand luftdicht versiegelt.

9. Besonders randscharfe Farbflächen erreichen Sie durch Abkleben mit Tesakrepp-Klebeband. Die Farbflächen, die mit dem Klebeband in Berührung kommen, müssen vollständig durchgetrocknet sein und dürfen sich nicht mehr klebrig anfühlen.

10. Wenn Sie spritzen, bearbeiten Sie große Flächen im Kreuzgang. Das heißt: Sie besprühen die Farbfläche erst von oben nach unten und danach nochmals von links nach rechts.

11. Zum Spritzen muß es völlig windstill sein.

12. Beachten Sie, daß stehende Flächen schneller trocknen als liegende. Also zügig spritzen.

13. Lackieren Sie lieber zwei dünne Schichten als eine dicke. »Nasen« fließen schnell.

14. Farbbehälter sollten nie ganz leergespritzt werden. Die Gefahr, sich durch spuckenden Farbausstoß die gesamte Fläche zu verderben, ist bei fast geleerten Sprühdosen und Spritzpistolen sehr groß.

15. Für sämtliche Lackwerkstoffe gilt: Nicht bei Regen oder Frost streichen. Ebenso sollte das Garagentor nicht erhitzt sein, wenn Farbe aufgetragen wird. Daher eignen sich in den Sommermonaten besonders die Morgen- und Abendstunden zum Lackieren. Rechtzeitiges Hochklappen des Tores verhindert zu starke Erwärmung.